꿈속을 거니는 기억

최혜순 시선집(제4시집)

세종문화사

시인의 말

초등학교 시절 선생님이 문학의 가느다란 끈을 쥐여 주셨습니다만 천방지축 철이 없어 그 끈을 놓고 지냈습니다. 인생 중반에 들어서야 그 끈이 나의 동아줄이라는 것을 깨달았습니다.

뒤늦게 그 끈을 부여잡고 푸른 하늘을 우러러 한 걸음씩 올랐으나 제자리걸음뿐 너른 하늘에는 이르지 못했습니다.

이제 인생 끝자락에 다다라 다행히 매듭 하나 보태게 되었습니다.

그동안 지도해 주시고 응원해 주신 문효치 교수님과 정성을 다해 시집을 엮어 주신 세종문화사 김영희 편집주간님과 조죽희 국장님께 진심으로 감사드립니다.

가족들과 모든 문학인께도 감사드립니다.

문학인 여러분 건강하시고 문학의 끈을 놓지 마시기를 기원합니다.

2024년 12월
늘봄 실버타운에서

차례

시인의 말 … 3

제1부 홍매화

홍매화 … 11
강설 … 12
보름달 1 … 13
폭우 … 14
제부도 1 … 15
제부도 2 … 16
단풍나무숲 … 18
오래된 마을 … 19
아침에 먹는 클래식 … 20
아버지의 초상 … 21
가족사진 … 22
서커스 맨 … 23
갈매나무 … 24
마지막 사랑 … 26
낡은 바이올린의 연주 … 28
사무친 정 … 30
잃어버린 시간을 찾아서 … 32

제2부 가을의 연인

보름달 2 … 35
가을의 연인 … 36
벚나무 2 … 38
벚나무 3 … 40
건넛마을 … 41
살색 편지 … 42
눈 내리는 밤 … 43
나의 빈집 … 44
저녁놀 … 45
화진포 모래사장 … 46
꿈꾸는 옥탑방 … 48
순천만 갈대밭 … 50
소쩍새 … 52
따듯한 이별 … 54

제3부 하늘에 핀 코스모스

코스모스 사진 … 57
팔월의 소묘 … 58
신발의 향기 … 59
으뜸 사장님 … 60
숲속 마트 … 62
가랑잎의 노래 … 64
재봉틀 … 65
돋보기로 보는 풍경 … 66
아파트 갈피 뒤적이는 소리 … 68
조각보 … 69
잠 못 드는 달밤 … 70
매듭단추 … 71
가을 해바라기 … 72
바다로 가는 길 … 74
환한 집 … 76
비보이 춤 추는 가을 산 … 77
벚나무 1 … 78

제4부 봄맞이

봄맞이 … 81
봄비 … 82
봄동산 … 83
아지랑이 … 84
봄 1 … 85
조팝나무 가로수 … 86
느티나무 조손(祖孫) … 87
개망초꽃 … 88
송사리의 꿈 … 89
등굣길 … 90
우리 동네 콩밭 … 92
백일홍 … 94
단풍나무 … 95
융프라우요흐 … 96
채송화 … 98

제5부 이별의 계절

칠월의 임산부 … 101
손거울 … 102
아귀들과 산다 … 104
거북이와 개미의 동행 … 106
별과의 통화 … 108
먼 통화 … 110
고래잡이 … 112
자화상 … 114
내 이름은 베드로 … 115
비너스 … 116
청개구리 제삿날 … 117
와인의 축제 … 118
이별의 계절 … 120
홍매화 군락지 … 121
성지순례 … 122
마지막 조우 … 124
시간을 먹고 사는 도깨비 … 125
종이배 … 126

제1부
홍매화

홍매화

이른 봄
잔설 희끗희끗한 고샅길에
홀로 서 있는 등 굽은 매화나무

신랑 각시 초례청 비춰 주던 청사초롱에
곱게 불 달아 길목 밝히네

임도 그때 못 잊어
이 길 더듬어 오시려나
꿈결에 뛰쳐나온 홑겹 속적삼
기척 없는 빈 등성이 서러워
파르르 떨고 있네

오늘 아침 둥근 해님 동산에 오를 때
신랑 오신다고 주름진 얼굴에 입술연지
덧바르고 나와
방긋방긋 마주 보며 웃음 짓는

꿈속을 거니는 각시

강설

침묵으로 달래다 달래다
더는 달랠 수 없는
오래 묵은 체증

꽁꽁 묶인 세월 펼쳐 놓고
찬찬히 토설하는
빛바랜 서찰

머뭇머뭇 맴돌며
돌아서지 못하는
어느 별의 멀고 먼 행려

걸음마다 토해 놓은
허공을 메우는 흩어진 이름

하얗게 눈앞을 가리는
높은 뫼 넘어 찾아온 옛 이름

보름달 1

하늘 가운데 걸려 있는
둥근 거울
임과 나란히 바라보던 거울
어인 일로
임 홀로 저 멀리 계시나

이 밤
인적 끊긴 때 기다려
내게 다가오는 얼굴
창문 가득 비추이는 환한 얼굴

창문 열고 맞아들여
품 안에
깊이 간직해야겠네
저 거울

폭우
- 슬픈 사랑법 -

저 원시의 공격

원망인가 그리움인가
과녁인 듯 가슴에 꽂히는 무수한 죽창

눈앞이 흐려지고 늑골이 주저앉는다
무너져 내린 가슴 한편에서
떠나간 사랑이 흐느낀다

전속으로 달려와
창문에 매달린 투명한 아픔
세월의 갈피에 스며들어 강이 되어 흐른다

뜨거운 단절의 계절을 넘어
다시 만나 하나 되어 흐르는 강

흘러가자 흘러가자 포구에 머물자
굽이굽이 세차게 꺾이는 울음소리

오직 하나뿐인 길
슬픈 사랑법

제부도 1
- 새파란 기억 -

박하나무 하얀 꽃무늬가 가슴을 밀치고 들어온다
삼켜지지 않는 울음 덩이가 목울대를 밀어 올린다

함께 부르다 끊긴 노래
목청을 보태 주지 못한 후렴
끊어진 테이프들이 귓속에 쌓여 소리 내어 운다

병인은 내 몸속에 뿌리내려
여기저기 화농이 되어 욱신거리는데
나를 달래는 손길인가
갯바람이 서럽도록 살갑다

세월을 망각하고 언제까지나
새파란 기억으로 서 있는 나에게
하얀 꽃 무리가 쉼 없이 다가와 등 다독여 준다
함께 부르다 끊긴 노래 끝없이 들려준다

제부도 2
- 짝사랑 -

횟집들이
해안선을 끌어당겨
깔고 앉았다

바닷물은 하루 일과를 마치고 제집으로
돌아가는 중인데
종업원들은 길가에 나서서 싸움하듯
양팔을 내두른다

전망 좋은 이층 홀 통유리 창은
온 제부도를 제 팔뚝 안에 가두고
눈을 번뜩이며 기고만장
바다로 가는 길을 막아선다

밤새 섬을 지키느라
불침번을 선 잔별들 바다에 내려와
자불자불 하얀 졸음 졸고
빈 등대엔 간밤에 내려온 유성이
낮잠에 빠졌다
하얀 낮달이 작은 돛배를 타고
조용조용 순찰을 돈다

파견 나온 갈매기들이 통유리 안의 내가
마뜩잖은지 큰 날개 퍼덕이며 소리친다
나가 나가 나가라고 서럽게 박대한다

나는 네가 좋은데
갈매기 마음에 들고 싶다

단풍나무 숲

숲의 갈빗대 속에
잉걸불이 이글거린다

해마다 도지는 불치병
붉은 그리움 부둥켜안고 숲속에 스며들어
왈칵왈칵 각혈을 토해 놓는 가슴병 환자

띄우지 못한 오래된 사연 수북이 쌓아 놓고
신음을 삼키며 아무도 모르게 불사르는
떨리는 손길

오래된 시간 속에 묻혀 있던
세월을 잊은 얼굴 하나
사그라지는 잔불 속에서
아직도 붉게 타오르고 있는 눈길

오래된 마을

신도시의 솔기를 한 겹 들추고
손바닥만 한 논밭 사이 손금 같은
가느다란 길을 따라 들어가면
법화산 기슭 냇가에 오리 떼같이
줄지어 자리한 오래된 마을을 만난다

내를 따라가다 밭을 만나면 몸을 비틀어
푸성귀 바구니를 채워 주고
논을 만나면 두 발을 모아 논마지기를 넓혀 주고
늙은 느티나무 둘레에는
어머니의 맘처럼 둥근 길이 나 있다

할아버지 할머니 땀이 밴 짚신
시집갔다 청상이 되어 돌아와
평생 친정살이하던 고모의 꽃가마
아버지와 한 몸이던 경운기
삼촌들과 사촌들 다 함께 끓여 먹던 커다란 가마솥
뒤채 광 속처럼 쌓여 있다

오늘도 나는 깊은 세월 오래된 마을
그 따뜻한 광 속에 안긴다

아침에 먹는 클래식

아침 식탁은 어머니의 악보
몇 개의 음표로 매일 같이 새로운 악보를 쓰신다
어머니의 곡은 매번 경이롭다
강하다가 부드럽다가 감미롭다가

식사 시간은 어머니의 작곡 발표회
어머니의 손이 사랑의 지휘를 하신다
발표 시간엔 조용히 감상에 빠진다

마지막 악장이 끝나면
우리는 악상으로 가득 찬 몸을 일으켜
아침 해와 마주 손뼉을 친다

온종일 내 몸속을 타고 흐르는 선율
나는 조용히 그 내밀한 선율에 골몰한다

하루해 저물녘
가슴 통증으로 남은 어머니의 선율을 껴안고
다시 어머니의 음악회로 종종걸음을 친다

아버지의 초상

두꺼운 적막을 두르고 앉은 시골집
텅 빈 대청마루에
아버지 높이 앉아 계신다
평생 한 벌뿐인 양복
의상처럼 갖춰 입고 아직도
이승을 지키는 고고한 성주

"쨍그랑" "난 안 갈란다"
이삿짐센터 아저씨에게 꾹 닫아 두었던
쇳소리 목청으로 호통을 친다

늙어 가는 외동딸이 달려와
찢어진 가슴으로 아버지 초상을 봉합한다

넓고 따듯한 등허리에
작은 아이 들쳐 업은 젊은 아버지가
걸어 나온다

굽이진 길 너머
한 점 피붙이의 따듯한 세월이
가슴살 밑에서 웃고 운다

가족사진

박제된 박쥐 떼같이 빈 벽에 붙어 있는
아들 결혼 때 찍은 가족사진

굽이굽이 돌고 돌아 작은 포구에 봇짐을 풀고
물꼬를 튼 샛강들이 줄기줄기 모여 있다

사진 앞에 서면
박쥐들의 눈이 제각기 살아나
색깔이 다른 눈빛으로 번쩍인다
눈도 깜박이지 않고 내 뒤를 쫓는다
아직도 식지 않은 끈질긴 사랑

바지를 걷어 올리고
치마끈 졸라매고
거센 물길을 막아
문 앞으로 물꼬를 터 준
뜨거운 물길 앞을
연신 허리 꺾어 물러난다

서커스 맨

새로 설치하는 고가 차로 난간에
한 사내가 거미처럼 매달려 작업을 한다
8차선 자동차들의 맹렬한 행렬 위에서 넘나들며
재주를 부린다

한쪽 허리에 묵직한 연장 가방을 매달고
다른 한쪽엔
아내와 첫째와 둘째 아이를
굴비 두름처럼 한 데 엮어 치렁치렁 매달고 있다

보아 주는 관객은 하나도 없는데
타이츠 차림의 공중서커스보다
내 간은 더 졸아든다

난간에서 툭툭 떨어지는
한낮의 무거운 설움의 서커스를
졸아든 간이
붉은 실핏줄로 난간의 거미를
동여맨다

갈매나무**

낡은 신창 아파트 슈퍼 주인아저씨는
20년 넘은 라디오의 쉰 목소리를 외면하지 못하고
고무줄로 코앞에 매달아 마주하고

서른 살 외아들을 하룻밤 사이에 잃은 노부부는
세상 문을 닫고 산속으로 난 문안에서
외로움을 끼고 살고

뻐꾸기는 잃어버린 새끼를 목 아프게 부르며
너른 숲을 온종일 뒤지고

늙은 소나무는 굽은 허리 펼 사이 없이 분주히
송화주를 빚는 마을

이곳에 오면 왠지
하늘이 이 세상을 내릴 적에 그가 가장 귀애하고
사랑하는 것들은 가난하고 외롭고 쓸쓸하고 언제나
넘치는 사랑과 슬픔 속에 살도록 만든 것이다
라는 말이 생각난다*

그 드물다는 굳고 정한 갈매나무도 생각난다**

*백석 시 '흰 바람벽이 있어'에서 인용
**백석 시 '남신의주 유동 박시봉방'에서 인용

마지막 사랑

가진 것이라고는 낡아 가는 몸뚱이뿐
숨 막히는 팍팍한 삶 속에서 늑골 아래 작은 꿈
눈사람처럼 키운다

삶의 전부였던
손바닥만 한 비닐하우스
긴 밤 폭설에 쓰러져
육탈된 주검처럼 널브러지고

오들오들 떨고 있던
눈 더미 속 작은 새
납작한 오두막을 박차고 나와
깜깜한 숲속을 뚫고 달린다

지아비 무덤도 곁눈으로 제치고
원혼들이 치맛귀를 잡아끄는 뚝방 길도
단숨에 건너
쓰러진 눈사람에게 달려들어 주문을 왼다

일어나라 일어나라
나의 눈사람아
너는 나의 마지막 사랑이야

야멸찬 눈보라 속에
작은 새 울음의 긴 꼬리가
산 밑 마을 집집의 창호지를 흔든다

낡은 바이올린의 연주

세월의 몸통
그 속을 싹싹 긁어내어
울림통을 만들고
걸어온 궂은날들 훑고 훑어 가느다란
현을 뽑아내어
나름 명품이 된 바이올린

두꺼운 파운데이션으로도 감출 수 없는
메마른 검버섯을
늘어진 현이 거듭 리플레이한다
아무도 이해할 수 없는 난해한 악보

이 세상 제일의 연주자
격한 크레셴도 포르티시모 가파른 언덕에 오르다가
저리고 쑤시고 떨려 제풀에 주저앉아
데크레셴도의 바다에 빠지면

몸속 유독 커다랗게 부푼 물혹에서
이제는 향기도 효력도 사라져 버린 화장수 따라 내어

제 악기를 쓰다듬어 주면
옛 명장의 연주는 끝
손을 저어 편안한 쉼표를 그린다

끝까지 경청해 준 하나뿐인 관중 저녁 해가
너른 광장을 가득 메우고
뜨겁게 손뼉 치며 배웅한다

사무친 정

잘 익은 콩알 하나
손바닥 위에 앉혀
배냇저고리를 벗기고
나신을 마주한다

뽀얀 속살
꼬불친 배꼽 자리
누가 토닥여 주었나
하얀 땀띠분까지

여름날에 입혀 주던 색동 프리즘
어두운 밤 지켜 주던 근심 어린 달빛
새벽녘까지 조곤조곤 태교해 주던 다정한
별들의 속삭임
서리서리 서려 진주알처럼 여문 옥동자

아픈 곡절로 부서진 자갈들
외롭게 뒹구는 뒤란
장독대 앞에서

기다림의 오랜 세월
샛바람에 씻기고
금싸라기 가을볕에 달랜다

백 년을 이어온 황금장과의 사무친 정을
끝없이 어루만진다

잃어버린 시간을 찾아서

오래된 길에 들어서면

잠자던 가슴을 열고
뼛속에 새겨진 미완성의 음각화가 다가온다

희미한 향기
퇴색된 꽃잎의 빛깔
뜻을 알 수 없는 흔들림이
박제된 빈 동공에서 빛을 내기 시작한다

뒤늦게야 깨달은 흔적의 의미들

거리의 불빛을 따라 걷는다
풍성했던 시간의 잔해들이
진눈깨비처럼 어깨에 내려 쌓이는 밤

잃어버린 시간을 찾아
왔던 길을 되짚어 걷는다
그가 거기 기다리고 있을지 빠르게 걷는다

제2부
가을의 연인

보름달 2

영문 모를 추파를 흘리는
풍만한 나신

외로움이 쌓이고 쌓여
더 쌓지 못하는 갇힌 나신

울다 울다
더 울지 못하는
차오른 흐느낌

아무도 찾는 이 없는
구중궁궐 속
핏기 가신 청상

가을의 연인

가을엔
노란 정금의 들을 가로질러
수정보다 맑은 비췻빛 호수 속

숲이 고요한
산으로 가고 싶네

우듬지에 마지막 수액으로
꽃보다 환한 등불 켜는
오래된 나무 깊은 옹이에 손 얹고
따듯한 안부를 전하고 싶네

큰 가슴 열어
속마음 내보이는 푸른 하늘이 내려와
나무를 끌어안고
귓속말을 하네

이제는 헤어져야 할 시간
푸르른 희망을 키우기 위해
안녕을 노래하자
긴 사랑을 꿈꾸러 가자

꽃보다 환한 등불 아래
짧고도 긴 만남

벚나무 2

내가 부끄러운 나목으로
네 앞에 섰을 때
너는 눈을 내리깔고
그냥 지나갔어

너에게 하고 싶은 말
입술에 수없이 맺혔을 때도
너는 귀를 접고
그냥 지나갔어

너에게 가기 위해
가슴에 가득한 말을 불러내
하늘에 풀어놓았어

너른 하늘을 떠돌다
나를 찾아온 하얀 꽃잎 하나

그 가슴 한 자락
내 마음속에 들어와 펼쳐 놓는다

알 듯 모를 듯
사랑 찾아가는 길
멀기만 하다

벗나무 3

어젯밤 벗나무
상사병으로 깡마른 몸에
기름 끼얹고
분신 소동을 피웠다

사나흘 하얀 불길로 곧추서서 타올랐다
온 동네 불길 속에 가두더니

꽃잎마다 혼으로 돌아간
귀천의 어느 날

검게 그을린 몸에
녹색 깃발 돋쳐 외쳐 대는
불길보다 더한 전언

만날 날을 기약하는
푸르른 말이

하늘을 덮는다

건넛마을

해가 지고
숲이 잠들면 그때야
잠을 깨는 건넛마을

회색의 빈방에
그리운 숨결들이 모여들어
행복의 문패를 달 듯
등을 밝혀 창에 내건다

건넛마을은 반짝이는 별밭이 되고
별밭에선 하루치의 행복이 다투어
피어난다

밤마다 나는
검은 숲을 가로질러 건너편
별빛마을로 마실을 간다
별들이 꽃피우는 이야기를 주워 담는다
별들과 함께 웃고 울다가
별들과 사랑을 엮으려 꿈속으로 들어간다

살색 편지

동굴 속 같은 편지함을 뒤적일 때마다

너른 들녘 펼쳐져 있고
즐겁게 흥얼거리는 냇물 소리 들리는
따듯한 지문 찍힌 살색 편지를 찾는다네

오늘도 내 손끝은
두근두근 떨리는 심장으로
빈 동굴 속을 마냥 더듬거린다네

너른 들녘을 마음껏 달린다네
냇물 따라 즐겁게 노래 부른다네

혼자서도 함께하는
따듯한 지문 찍힌 살색 편지를 만나려
빈 동굴 속을 매일 더듬거린다네

눈 내리는 밤

명치끝에 걸린 가시
들숨 날숨 쉴 때마다
촘촘히 누비는 통증

타다만 희나리
모질게 도려내고
휑한 가슴속
쉰 대금 소리로 휘돌아 나와
창가에 머무는데

누구인가 창밖에서
흰 장삼 자락 펄럭이며
살풀이춤 추고 있는 이

나를 부르는가
창밖에 나가
두 손 마주 잡고
밤이 새도록 살풀이춤 추고 있다

나의 빈집

16층 내 집은 아무리 올려다봐도
마음이 없는 여자처럼 눈을 맞추지 않는다

고양이 울음도 들리지 않는 바람의 소굴
검은 바람벽을 부수고 들어간다

전등 스위치를 억압해 검은 벽과 대결한다
고독의 백색 빛이 사방 벽면에서 대항하듯
눈총을 쏜다

아쉽게 손을 뿌리치고 나갔던 불구의 가족들이
우르르 몰려들어 내 옷자락에 매달린다

포옹을 모르는 불구의 가족들과 흐느적흐느적
무중력의 몸짓으로 춤을 춘다

지구에서 외따로 떨어져 나온 작은 위성
악(樂)이 없이 춤추는 집
나의 빈집

저녁놀

펄펄 끓던 여름날이 지쳐 돌아가는 저물녘
일그러진 해가 산 아래 얼굴을 묻고 각혈을 한다

온몸 불사르며 홀로 달려온 높디높은 궤적
그에게도 가슴앓이가 있었던가
붉게 타오르는 신열로 자꾸 생피를 토해 낸다

바다가 파도를 풀어
닦아 내도 닦아 내도
지우지 못하는 생피

심장은 여전히 맨틀처럼 끓어올라
핏발 선 눈 감지 못한 채
생으로 침잠하는 이승의 불덩이

고집스럽게 짓누르는 저세상 어둠을
힘겹게 밀어 올린다
어스름에 얼굴을 묻고 갈대가 오열한다
물새가 어둠을 쳐대며 곡을 한다

화진포 모래사장
- 오래된 일기장 -

먼먼 세월의 저편
바다 밑 산호 숲속

진주조개이듯
빛 고운 꿈 하나 캐내어
가슴에 품고

목마름에 애타는 아득한 시선
웃자란 그리움
내닫기만 해 온 사랑

목이 터져라 소리쳐 불러도
광녀처럼 몸부림쳐도
높은 하늘엔 흰 구름뿐
저 혼자 솟구치다
저 혼자 주저앉는 파도

포구에 돌아와
탄식의 노래 적어 놓는다

파도여 파도여 파도여……파도여
너만은 알리라

하얗게 빛바랜 끝없는 사연
오래된 일기장

꿈꾸는 옥탑방

들창 가득 푸른 하늘 드리우고
별도 돋고 무지개도 걸리는
식은 바람 들락거리는 가파른 옥탑방

막차를 타고
시계를 지나 도계를 지나 도로 끝
키 큰 미루나무 가지 끝 성근 둥지

젖은 손으로 불씨를 다독이며 초침을 세고 있는
제 여자의 꿈을 어루만지며
텅 빈 전철 속에 혼자 앉아 웃음 짓는 사내를 싣고
마지막 전동차는 힘차게 도심을 버린다

강변에는 꿈꾸는 사내를 싣고 달려 나가는 전동차를
성화처럼 우러러보는 사람들이 모여 있다

꿈꾸는 사내를 꿈꾸는
꿈이 그리운 사람들이
두 발을 치켜들고

혼자서 달려가는 전동차를
끝없이 따라간다

순천만 갈대밭

열린 하늘이 내려앉은 순천만 갈대밭은
하얀 차일 두르고 주둔한 해군 부대

하루 종일
우로 가 좌로 가
엎드려뻗쳐
훈련만 받는다

백발이 되어도
승진도 없고
제대도 없다

만년 파도와 벗하다 늙은
하얀 제복의 노병들

오늘도 순천만을 지키며
밀려가는 파도와
눈인사를 한다

고향 바다에 닿거든
나 잘 있다고 전해 줘

해는 수풀에 들어 잠자리를 펼치는데
갈대는 아직도 바다 쪽으로 쓰러져
흐느끼고 있다

소쩍새

사월 들어 내 이웃에
혼자 사는 젊은 여자가 이사 왔다

낮에는 현모양처인 양
쥐 죽은 듯 기척이 없다가

밤만 되면
집 밖으로 나와
아야퍼 아야퍼
도끼에 발등이라도 찍힌 듯
애절한 소리를 질러댄다

눈독 들인 홀아비 집 담장을
이리저리 돌아가며
우정 엄살떨어 대는 것
이제는 동네가 다 안다

아야퍼 아야퍼
이쪽이야 이쪽이야
오늘 밤은 엄살이 더 심하다

넓은 밤하늘에
정을 쪼아대는 소리
온 동네 가슴들이 아프다

따듯한 이별

이른 아침 그가
떠오르는 해님과 눈 맞춤할 때
나는 그의 발치에 엎드려 꽃을 심었네

그가 두 손 흔들며
떠도는 구름 바삐 지나는 바람
날갯짓 분주한 새들 불러들여
제 깃 속 새새에 품어 줄 때
나는 그의 둔치에 흙을 돋우며
물을 뿌렸네

무성한 그늘 드리우고
아이들과 노인들 불러 모아
오래된 전설 풀어놓을 때
나는 꽃목걸이 걸고
그의 둘레에서 즐거이 춤을 추었네

찬 바람 불어와
그의 잎사귀들 황금빛 날개가 되어 날아갈 때
나는 그의 환한 얼굴 바라보며
따듯한 인사 보내는 영원한 정물이 되었네

제3부
하늘에 핀 코스모스

코스모스 사진
- 하늘에 핀 코스모스 -

그대 기억하시나요
삼백예순다섯 날
보석처럼 빛나는
그대 위해 가꾼 내 표정

그대 아시나요
그대와 눈 맞춤하기 위해
가녀린 내 몸 이리 갸웃 저리 갸웃
쉼 없이 흔드는 것

그대 모르시죠
어느 찬비 내리던 밤
그대 무심히도 내 가슴 짓밟고 지나간 뒤
나는 쓰러져 온밤 신열로 지새운 것

그대 끝내 아무것도 모르실까
채색 미루라 곱게 바르고
저 푸른 하늘가에
영원한 미소를 지으며 기다려요

팔월의 소묘

온도계는 인내의 한계를 측정하려
붉은 핏줄 머리까지 치솟고
선풍기는 뜨거운 입김 마주 불어
날숨을 틀어막는다

문간방에 갓 살림 차린 어린 가장
물렁하게 녹은 아스팔트 갓길에
과일 두어 무더기 앉혀 놓고
가슴속 실금 같은 초승달을 키운다

빨강 자외선이 온몸에 따갑게 문신을 새기는데
목말라 몸 비트는 과일들이 가슴에 갈고리처럼
꿰어 있어
어린 가장 뒤집어진 풍뎅이처럼
달궈진 보도블록에서 맴을 돈다

과일 사세요 과일 사세요
앳된 음성이 붉은 화상에 흩뿌리는 소금처럼 쓰리다

머리 위에 낮달
반쪽 얼굴이 흐릿하다

신발의 향기

작은 집 현관에 신발짝들이 빼곡하다
식구대로 두 짝의 신발짝들이 제 멋대로 활개 친다

현관문을 박차고 뛰어나갔다가
떼구루루 급하게 들어선 신발짝들

각각의 허브향을 뿜어낸다
집 안엔 웃음소리 가득 물결친다

신발짝들이 곱게 팔짱을 끼고 잠을 잔다
향을 섞는다
하루의 피곤을 섞는다
그리움을 섞는다
외로움을 섞는다
사랑의 끈으로 하나로 묶는다
세상에 하나뿐인 허브향
행복한 뿌리 깊게 뻗쳐 간다

으뜸 사장님

실뱀처럼 꼬부라진 도로 곁
비탈진 언덕에
녹슨 바퀴 몇 개 널브러져 있는 카센터
찌그러진 낮은 출입문으로
몸집 작은 주인 여자
헐렁한 일 바지 입고 들락거리며
사장님 사장님 꾀꼬리 소리로
연신 짝을 부른다

월남전에서 훈장처럼
한 쪽 다리 짧아진 주인 남자는
주인 여자의 으뜸 사장님

사장님 사장님
꾀꼬리가 울 때마다
양쪽 날개 파닥이며 나타나는
훈장이 빛나는 사장님

낮은 지붕 위로 꾀꼬리 소리 에워싸고
파닥파닥 으뜸 사장님 훈장이 빛나는
환한 골짜기

녹을 씻어 낸 헌 바퀴들이
초록 바람 일으키며
숲속 마을을 업고 달린다

숲속 마트

반 칸짜리 월세 상가에
숲속 마트 작은 간판 걸고
색동 꿈을 펼쳐 놓은 올빼미네

부엌 창가에 무지갯빛 김 서리는 이른 아침
천장을 덮고 있는 지붕보다 더 무거운 빗더미
양 날개 활짝 펴 홰를 치며
천막 문에 말아 올린다

밤 열두 시 마을버스 쿨럭쿨럭
마지막 손님 토해 내면
흐릿한 알전구 천막 문에 내걸어
월세 둥지 찾아드는 멧새 가장 헌 구두
길잡이 해 주고

떨이 챙기러 나온 단골 새댁
콩나물 천 원어치에 두어 보따리
그리고 '안녕' 가슴의 깃털 하나
뽑아 준다

언덕 위에 숲속 마트
한밤 꿈의 밑그림이 어른거리는
올빼미네 커다란 눈망울이
언덕 위 숲속 모퉁이를 밝힌다

가랑잎의 노래
- 홈리스 -

짧은 겨울 해
마지막 걸음 돌려 버린 검은 광장엔
찬 바람이 버리고 간
마른 가랑잎이 서성인다

시린 손을 펴 곁불 쪼일
모닥불은 어디 있을까

눈빛 마주할 열어 놓은
창은 어디 있을까

찌개가 끓는
화덕은 어디 없을까

굽은 등 기대어 잠시 쉴
기둥은 어디 없을까

겨울 광장에서
갈 곳 없어 이리저리 뒤척이는
주소를 잃은 마른 가랑잎의
젖은 노래

재봉틀

백 살이 넘은
고물 재봉틀

검버섯투성이에
절뚝거리는 다리

색동 보 씌워
툇마루 문턱에 앉혀 놓고
올 적 갈 적 눈짓을 보낸다

숨이 답답할까
뚜껑을 열어 주고
관절이 꺾일까
바퀴를 보살펴 준다

새신랑의 바지저고리
돌잡이 아기의 색동저고리
맏형 옷 물림하여 새 옷 만드는 설빔

달콤한 강물 소리
돌돌돌 귓가에 흐른다

돋보기로 보는 풍경

자름자름한 조가비들 바글거리는
성수역 4번 출구

탐스럽게 생긴 백진주 아가씨
칠십 평생 처음으로
서울 구경 온 아빠의 손목을 놓치고 말았다
뜨겁게 달아오른 빨간 눈이
등댓불 되어 깜빡거린다

엉거주춤 뒤늦게 나타난 아빠는
생살 하나 없이 다 내어 준
쭈글쭈글 시커멓게 삭은 빈 따개비

백진주 아픈 마음을 아빠 팔에 감는다
온천물처럼 솟구치는 뜨거운 눈물로
따개비 골에 낀 검은 때를 씻어 낸다

새하얀 백진주와 새까만 따개비의
걸음걸음은 고전무용의 우아한 춤사위

갯벌에 바글바글 끓던 조가비들
동그란 눈에 커다란 돋보기를 끼고
희귀한 백진주와 흑진주를 들여다보고 있다

진귀한 보석 이리 보고 저리 보며 탐낸다

아파트 갈피 뒤적이는 소리

어둠이 채 벗겨지지 않은 이른 새벽

먼 일터를 겨냥하고 아파트 18층에서 낙하한 젊은 가장
투덜거리는 낡은 차바퀴 달래며
뻐근한 사지 반 감긴 눈으로
아파트단지를 기어 나간다

검은 외투의 신문 배달 아저씨
헐거운 운동화 끈 조여 매고
가까스로 끼워 넣은 몇 안 되는 호수 찾아
아파트 갈피 속 거미처럼 오르내린다

이층 상가 작은 교회당
밤잠을 잊은 늙은 어머니
심중에 고여 있는 새하얀 염원
눈물 버무려 두 손에 모아 올린다

이른 새벽 아파트 갈피 뒤적이는 소리에
못 견디게 보채는 중이염을 달랜다

조각보

들추면 쓰라린
색색의 비늘 조각
짜맞춘 조각 속
팔딱이는 아픈 숨결

한숨으로 길 틔우고
허무로 메우면서
한 땀 한 땀 박음질한
제 몸의 문신

짜디짠 가난의 땀
안타깝게 식어 가는 밥주발의 체온
가슴을 밟으며 달려가는 초침 소리
꼭꼭 박혀 있는 색색의 사금파리들

눈을 찌르는 그때 그 사금파리들
다 식은 가슴에 꼭 껴안고
한 점 핏방울 찍어 내어 내 꽃 한 송이
덧붙이고 싶다

잠 못 드는 달밤

기척도 없이 거실 가득
환하게 들어선 당신
귀뚜리가 살며시 등장해서
세레나데를 읊조린다

가슴속에 묻혀 있던 사금파리들이
반짝거린다

밤새 살캉살캉 도투마리 오가며
씨실을 풀었지만
베틀엔 얼룩무늬 무명 투박한 옷 한 벌
이리저리 몸에 대 보며
울음 반 웃음 반 잠 못 드는데

진한 목화 향에 취한다며
거실 창에 가로눕는 '달그림자'

매듭단추

모시 적삼 한가운데
하얀 매듭단추

구곡간장 기나긴 사연
모질게 훑고 훑어
이리 꿰어 내어
보란 듯 치켜 보고
저리 꿰어 내어
큰 숨으로 짓눌러 보고
끝내 맥이 풀린 가느다란 숨
가슴 가운데 성한 부스럼을 잠재운다

아무도 풀지 못하게
혼자만의 사랑
꼭꼭 여며 곱게 곱게
가슴 가운데 달아 놓는다

가을 해바라기
- 퇴원하던 날 -

샛노랗게 머리 염색하고 나와
벙글벙글 함지박 웃음 웃으며
아파트 어귀 길목에서
이리저리 얼굴 돌리는
우툴두툴 여드름투성이
가을 해바라기

닥지닥지 따개비 여드름
가만히 들여다보니
깊은 볼우물이네

지난봄
연두색 유니폼 입고 한 줄로 서서
어린이집 통학차 기다리며
지나가는 나에게 손 흔들며 인사해 주던
그 작은 아이가
저 볼우물 속에 보이네

제짝을 찾는지 큰 키 건들건들
황금 머리 빙글빙글
온 동네가 눈부시네

병원에서 퇴원해 돌아온 나를 잊지 않고
황금 웃음으로 맞아 주네

바다로 가는 길

밤은 칠흑 같고
하늘과 갯벌은 맞붙어
땅속의 벌레처럼
어둠을 비집으며
무거운 꿈을 끌고 간다

먼 데서 컹컹 개 짖는 소리
밤은 더 깊어 가고

야행성 눈빛으로
갯벌을 건너
찾아 오른 언덕 위엔
자동차들의 헤드라이트
마음을 가로막고

이 길 건너 바다가 있다
가슴에 묻혔던 별이 반짝인다

끝에서 끝까지 쓸어안고 가는
크고 넓은 그리운 어깨

바다가 노래 부르고
내가 춤을 춘다

끝없이 뒤척이고
끝없이 설레는 바다

멀어도 가까운 듯
가까워도 먼 듯
내 안에서 부르는
영원한 손짓

환한 집

할아버지 요양원에 가시던 날
방안에는 커다란 가족사진이 환하게 빛을 발했다

어느 절 아래 석양이 들이비추는
침묵의 집을 찾아 들어갔다

정원의 꽃들이 환하고
밤마다 드리워진 살색 커튼이 환했다
맞이하는 간병인이 가족보다 더 환한 웃음으로 반겼다
가족들도 집보다 더 환하다고 웃으며
할아버지를 쳐다봤다

침대에 누워 눈 감은 할아버지에게 다가가
이불을 다독여 드리고

환한 집을 등에 두고
어두운 집을 향해
어둠 속으로 들어갔다

비보이춤 추는 가을 산

울긋불긋 색동옷 입은 가을 산이
자맥질하며 호수 속으로 들어간다

원앙 한 쌍 산을 업고 호수 속으로
들어간다

가쁜 숨 헐떡이는 등산객들
물구나무서서 호수 속으로 들어간다

천장이 없는 천장에서 내리비추는
백만 촉 스포트라이트 받으며
호수 속 가을 산
푸른 유리알 무대를 발길질하며
흩날리는 나뭇잎 속에 비보이춤이 한창이다

가을 산도 시대 따라 비보이춤을 추고
싶었나 보다

나도 비보이춤 함께 추고 싶다

벗나무 1

그는
누렇게 부황 난 사월
창자 말라붙은 헐벗은 백성들 불러 모아
푸짐하게 이밥 상 차려 준
선한 원님

그는
반짝이는 은어 가득 싣고
뱃머리 들어 둥둥 하늘을 날아
아낙들 눈물 글썽이는 포구에 돌아와
와르르 몸푼
만선

그는
속절없이 시들어 버린
노처녀 가슴
반짝이는 인어의 비늘 가득 채워
벅차게 살려 놓은
이름난 의사

제4부
봄맞이

봄맞이

문고리를 잡던 겨울이
내 옆구리를 걷어차고 나간다

얼음장 밑에서 해동한 냇물이 내 겨드랑이를
간질이며 웃는다

봉긋한 백목련이 내 가슴 위를 콩콩거리며
뛰어다닌다

늑골 밑에서 스멀스멀 꿈의 지느러미가 돋아난다
풋것들의 태동으로 만삭의 배처럼 꿈이 꿈틀댄다

먼 데서 치맛자락을 끌며 환하게 다가오는 계절
어둠 속에서 떨던 나의 창이 얼굴 붉히며 안긴다

봄비
- 구례골 산수유 -

자갈들 마른 몸 비비대는 구례골에
비단 걸음 하시는 금비

산골 처녀 갈라진 뒤꿈치 닦아 주시는지
뒤뜰 놋대야에 금비 찰랑이는 소리

바싹 마른 사지 씻기시는지
사르르 사르르 금비 끼얹는 소리

수줍은 외곬 구례골 처녀
곱게 접어 간직한 너울 금비 휘휘 헹구는 소리

그림자도 비껴가는 구례 골짜기
백제 선왕이 잠행 나오셨나
산등성 가득한 휘장 위에 금비 일렁이는 소리

마른 몸 비비대던 시무룩한 구례골 자갈들
까르르 까르르 금비에 얼굴 비벼대는 소리

봄 동산

명주바람
어루만지는 손길에
얼굴 붉히는 진달래

햇빛 퍼붓는 입맞춤에
부풀어 오른 대지의 가슴

얼음 채 풀리지 않은 논도랑에서
눈 맞춤하는
개구리 한 쌍

구경하기 바쁜 멧새 떼들
샘나는지
이리저리 날며
내 귀에 대고
요란스레 일러댄다

아지랑이

건너편 산기슭은
염색 공장
공단 양단 명주
봄 아가씨들
꽃 마름할 피륙 머리에 이고
줄 서 있고

산 밑 정지에선
가지가지 꽃물
펄펄 끓고

마을 둘레 동산들
하얀 드레스 입고 손에 손 잡고
들러리 서 있네

줄도 서지 않고
어느새 빨갛게 꽃물 든
처녀 총각들
들러리들 사이 들고 나며
꼬리잡기하네

봄 1

누구신가요
내 침실 문 살그머니 밀고 들어와
홀로 잠 못 드는 밤
새 앙가슴 털 이불 덮어 주는 이

누구신가요
하늘하늘 분홍빛 진달래 잠옷
먼먼 두메산골 우체국 소인 찍힌
이름 없는 소포 보내 주신 이

누구신가요
텅 빈 내 창고에 창을 내고
마음대로 들고 나며
꽃도 들여오고 새도 들여오고
연두색 커튼도 달고
깔깔깔 자꾸 웃음 나게 하는 이

비망록 다 뒤져도 알 수 없는 이
잊혔던 옛 일기장 첫 페이지의 그이신가요

조팝나무 가로수

아파트 단지 입구 상가 네거리
하얀 조팝나무 가로수 꽃 무리는
뜨거운 광야에 떠 있던 하얀 구름 기둥

시원한 그늘 속에서
순이 엄마 저녁 찬거리 사 들고 나오고
웅이 아빠 햇병아리 댓 마리 안고 나오고
올망졸망 어린 학생들
문방사우 껴안고 깔깔대며 걸어 나오고

자동 센서 외등 아래
환한 조팝나무꽃 무리
어둠에 떠 있던 따뜻한 불기둥

보도블록 따다닥 따다닥 탭댄스 추며
조팝나무 가로수 아래 모여든 즐거운 무리

황량한 광야 길에 포근한 봄날
잠시 누리는 휴식 조팝나무 가로수 그늘

느티나무 조손(祖孫)

둔덕을 오르내리는 바람의 등을 타고
느티나무 어린 잎사귀 까치발로 하늘을 걷는다

빗물 한 컵 모으고
햇볕 한 스푼 떠내어
차 한 잔 내려

어두운 지하방 손마디 우툴두툴 불거진
할아버지께 달려간다

오백 살 할아버지 막혔던 숨구멍이 열리고
차곡차곡 쌓아 둔 내력이 돋아난다

느티나무 우듬지에 어린 잎사귀
바닷물 같은 할아버지 내력 앞에 엎드려
하루 종일 돋을 문자 해독에 눈독을 들인다

채 펴지지 않은 조막손이 한 자 한 자
할아버지 내력을 더듬어 읽고 있다

개망초꽃

후미진 골짜기 끄트머리
허술한 하천둑 가장자리에

한 무더기 달빛 내려와
작업이 한창이다

아름아름 팔 벌려
흘러내리는 둑
쓸어안고는

어이구 어이구
이러다 홍수 지겠네

어이구 어이구
이러다 아이들
물에 빠지겠네

밤새워
골짜기 샅바 잡고 씨름하는
하천둑 달빛 일군들
피곤한 얼굴이 새하얗다

송사리의 꿈

조가비 같은 작은 집들
올망졸망 엎드린 마을 한가운데
고래 등같이 커다란 집
고래는 없고 송사리 떼만 가득

담장 안엔
송사리 떼 웃음소리 고함 소리가 함빡 갇혀 있다

송사리 떼 함성이 담장을 넘어
마을을 지나 고개를 넘으면
조가비마을 엄마들은 밭일하던 손을 멈추고
하늘에 떠 있는 송사리를 쳐다본다
이마에 손을 얹고 송사리가 바다로 가는 모습에
웃고 있다
송사리가 고래가 되는 꿈에 빠진다
고래를 따라 바다로 간다

낡은 무릎과 손목이 고래의 지느러미가 되어
힘차게 밭고랑을 헤엄쳐 나간다

등굣길
- 꿈 그리기 대회에 간다 -

자연 유치원 노란 통학차가
연두색 새싹 싣고 바삐 지나가고

샛별 유치원 하늘색 통학차가
반짝이는 잔별 싣고 바삐 지나가고

올망졸망 초등생들
새마을 녹색 깃발 아래로
몰려 들어가고

참새 떼들 벌써
교문 안 미루나무 가지에 모여들어
요란스레 떠들고 있다

모두 꿈 그리기 대회에 모여들었다

학교 지붕 위 흰 구름 덩이
일곱 색깔 무지개다리 짓고 있다
어서 타고 올라오라고
학교 뒷동산에 걸쳐 놓았다
일곱 색깔 예쁜 무지개
꿈 그리기 대회장을 포근히
보듬고 있다

우리 동네 콩밭

쥐눈이콩만 한 1학년짜리
손녀딸을 데리러
초등학교엘 갔다

운동장엔 점심을 먹는 콩들을
한데 쏟아 놓아
콩들이 데그르르 데그르르 굴렀다

쥐눈이콩들
약콩들
메주콩들
콩나물콩들
굵직굵직한 강낭콩들까지
무더기무더기 지어
데굴데굴 굴렀다

나의 쥐눈이콩을 한참이나 찾았지만
웬일인지 키 큰 담임 선생님도 보이지 않고
탱글탱글한 콩알들만 튀어 올랐다

우리 동네 초등학교 운동장은
손녀딸도 선생님도 가릴 것 없이
보기만 해도 흐뭇한 넓디넓은
콩밭이다

백일홍

연지 곤지 찍고
초례청에서
연신 방긋거리던
어린 색시

볼연지 입술연지
곱게 칠하고
동백기름 차르르
야무지게 쪽진
새색시

하얀 행주치마 여며 매고
정지 문턱 넘나들며
뒤란 장독대 매만지던
여문 새댁

빨간 저고리 초록 치마
아직도 꽃밭 속에서 웃고 있는
옛날 각시

단풍나무

그 남자는 개성 만점 멋쟁이
붉은 신사복에 붉은 넥타이
시골 오일장 마당에
한껏 멋 내고 나온 약장수

건들건들 웃으며 내게 다가와
우울증 특효약 공짜로 주면서
사근사근 내 마음 빼앗아 가더니

가을비 내리는 어느 쌀쌀한 저녁
몰골이 새까매져 굵은 눈물 뚝뚝 떨군다

약을 모두 잃었노라고
너의 우울증 이제는 치료할 수 없노라고
아른거리는 너의 모습 하얗게 지우고
새까만 망각의 계절로 가겠노라고

그 남자 붉은 눈물이
빈 의자를 감싸고 돈다

융프라우요흐

뜻은 젊은 처녀의 어깨라는데
내 눈엔 크고 조용한 하얀 할아버지 같았다

그 처녀의 어깨에는
성냥갑만 한 기차역이 있고
팔뚝만 한 전망대가 있고
호흡할 수 있는 숨구멍인 듯
작은 문만 뚫린 우체국이 있다

처녀의 늑골 이쪽에서 저쪽으로
관통해 뚫은 얼음궁전 거기엔
어른들의 잃어버린 유토피아가 고스란히
담겨 있었다

스핑크스 전망대에 올라
젊은 처녀의 어깨에 목말 타고
입김을 나누며 감히
만년설 젊은 처녀의 속살을 만졌다
아찔하다 만 볼트 전류에 닿은 듯

해발 3,000m의 젊은 처녀의 어깨를
오르내릴 수 있는 등산철도(WAB)를 완공한
아돌프 구에르 첼러가 부러운 것은 무엇이었을까

광 망원렌즈로나 내다볼 수 있는 100년 후 1,000년 후
찌든 심신을 안고 찾아올 인간들의 때를 말끔히
씻어 주고 싶어 뜨겁게 앓았나 보다

젊은 처녀의 어깨 너머로 인사를 보낸다

젊은 처녀와 함께 영원히 행복하셔요

채송화

어젯밤 꽃밭에 내려와
꽃잎 속에 단잠 잔
아기별들
벌써 어린이집 갔는지
꽃잎들이 활짝 열려 있다
여기저기 찍힌 발 도장이
반짝반짝
정답게 인사한다

더운 날씨
축 처져 돌아올
아기별들 씻어 주려 할머니는
물조리개 옆에 놓고
꾸벅꾸벅 졸고 있다

제5부
이별의 계절

칠월의 임산부

판박이 그림이 된 칠월의 한나절

태양 빛 하얗게 칠한 화폭 위에
풍성한 녹색 치마에 흰 저고리 받쳐 입고
언덕 위에 누운 숨찬 임산부

겹겹의 치마폭 속에
수많은 초록 태아들의 작은 숨을 감춘다

불 화덕 모래 더미에 턱수염 같은 몽당발을 딛고
무거운 몸 곧추세운 수숫대
두 손으로 하늘 한 자락 부여잡고 늘어져 있다

사지가 뒤틀리고 목이 타올라도
입술을 앙다물고 뒤틀리는 손가락 꼽쳐 가며
몸풀 날을 고대하고 있다

하늘로 터져 오르는 불꽃을 바라본다

칠월의 임산부는 그날을 위해 그림으로 살았다
온몸이 핏빛 붉은 그림이 될 때까지

손거울
- 하나뿐인 친구 -

둥근 얼굴은 우물같이 깊고
몸뚱이에는 기다란 구미호 꼬리가 달린
하나뿐인 나의 친구

그 요망한 친구가 구미호 꼬리로 내 손을 감아쥐고
살살 휘저으며 요망을 부리면
내 작은 몸뚱이는 새우처럼 꼬부라져 높은 천장
여기저기를 붙었다 떨어졌다를 거푸대다
방바닥에 곤두박질쳐졌다

크레바스를 홀로 건너며 얼굴이 하얗게 핏기를
잃었지만
아무도 없어서 울지도 못했다

누구의 앞에서 엉엉 소리 내어 운다는 것은
얼마나 화려한 사치인가
응석 부리며 울어 보는 것이 넓은 드레스를 입는 것보다
더 부러웠지만
한 번도 울음의 사치를 부려 보지 못했다

팔삭둥이 같은 내가 어지간히 딱했던지
내 앞에 벌러덩 널브러져
옛 천장을 다시 보여 주며 히죽이 웃을 때
아- 이 어처구니없는 조우

그러나 어쩌랴 그때나 지금이나
그는 내 손을 꼭 잡고 있는
단 하나뿐인 내 친구인 걸

아귀들과 산다

눈 뜨자마자 조용한 성격의 아귀들이 들어와
살그머니 내 손을 잡는다
뒤를 이어 노래 잘하는 반가운 아귀가 들어와
내 품에 포근히 안긴다
저녁이 되면 검은 상자 속에서 우르르 예쁜이들이
몰려나와 시끌벅적 떠든다
제일 미운 아귀는 아파트 관리소에서 아무 때나 억지로
떠맡기는 특수반 아귀다

모두들 내 말은 한마디도 들어 주지 않고
제 말만 늘어놓는 독불장군들이다
투덜거리며 심통 부릴 때는 속수무책
머리를 쓰다듬어 주며 비위를 맞춘다
덩달아 웃어 주기도 하고
함께 울어 주기도 한다

이른 아침부터 밤늦은 시간까지
사랑하지도 않으면서 붙어사는
떼려야 뗄 수 없는 진저리나는 업보

사랑보다 더 질긴
전생에서 맺은 업보

거북이와 개미의 동행

어둠 채 가시지 않은 겨울 새벽
기흥역에서 당고개까지
까마득한 초행길
느림보 거북이 개미굴에 들어섰다

얽히고설킨 미로
두 겹 세 겹의 지도를 둔한 머리로 들추며
새까맣게 몰려다니는 일개미들 틈에 끼어
이리저리 떠밀려 간다

신호등도 없는 네다섯 갈림길에서
방향 잃고 멈춰 섰을 때

어디 가셔요
향기로운 백합 향기
바쁜 일개미 출근길 멈추고
열 정거장만 가면 돼요
고맙습니다 고개를 들었을 땐
무명의 자선가처럼 뒷모습만 저만치……

아쉬움에 뒤돌아보니
똑같은 두 마음 별이 되어
공중에서 반짝 점화됐다

휘두르는 내 손 인사에 예쁜 웃음이 나비처럼 날아와
머리에 앉는다

느림보 거북이 머리에 나비를 앉히고
기흥역에서 당고개까지 신나게 헤엄쳐 나온
참 좋은 세상

별과의 통화

너 모르지
내 전화기에 뜨는 네 번호
까만 창 넘어 반짝이는 나의 별이라는 것
네 전화 받을 때 저음의 내 목소리 하이 소프라노로
변성되는 거
혈관 속 게으른 피톨이 소나기에 튀어 오르는
대지의 세포들처럼
통통 뛴다는 것

응응 흥흥 내 대답들
목 세워 부르는 너의 판소리 따라가며 끼어드는
부푼 추임새라는 거

너 모르지
네 쉼표 사이에 끼어드는 내 짧은 추임새의 의미
모천의 강 거슬러 오르는 열목어의 힘찬 동행이라는 것

오늘 이 순간 짧고도 긴 오선지 위에 곱게 부를 너의
악보를 올린다는 거
검은 눈물방울을 모두 지우고 활짝 웃는
상형문자로 그리는
내 밀실의 은밀한 작업이라는 것

오늘 밤도 별이 뜨려나
네가 부를 나의 악보
평화로운 자장가 되고 싶어
추임새 끝없이 되뇌고 있다

먼 통화

큰길 하나 건너 살던 그녀
방문 노크하듯 핸드폰 두드리면
방문 열고 나오듯
온몸으로 다가왔던 목소리

긴 색실에 미주알고주알 꿴 구슬
몇 바퀴 진주 목걸이보다 더 화려했네

해외에서 걸려 온 음성
바다 건너오느라 한밤중에 당도했네
빽빽한 숲속으로 들어가는 철새인 듯
날갯짓만 보이며 사라지네

무엇으로도 잴 수 없는
이곳과 저곳의 먼 통화 사이
잡지도 못하고 보내지도 못하는
이런 풍경만 떠 있네

내 손안에 쥐여 있는 핸드폰
목을 꽉 메우는 구슬들

성급히 닫혀 버린 창에 산산이 흩어진
진주 목걸이
눈물로 주워 꿴 말을 잊은 기나긴 목걸이

고래잡이

내 혈관에서 유영하는 작은 고래 한 마리

고래 등에 가시 촉을 꽂고 따라가네
꿈에 잠긴 몽롱한 눈으로

신기루처럼 떠오르다 숨어 버리는 고래의 꼬리를 보네
한껏 끌어 올려 보지만 오히려 고래가 나를 끌고 가네

목을 조르는 드센 물살에
기진해 쓰러질 땐
물을 뿜어 무지개를 보여 주고
몸을 낮춰 목말도 태워 주네

끝내 하얀 미궁의 안개 속
절망을 끌고 온 절망 속에서
두들겨 볼 벽도 없고 소리쳐도 메아리가 없는
묵음의 바다 가운데 갇혔을 때
들려오는 신비한 그의 언어는
어머니의 마음같이 넓고도 깊어 해독하지 못하네

나는 고래를 따라다닐 뿐
한 번도 그의 품에 안겨 보지 못했네

기쁨과 슬픔으로 끝없이 자맥질하는
꿈에 젖은 고래잡이

자화상

밋밋한 얼굴에 카리스마를 만들려고
다 빠진 눈썹 위에
숯 막대기로 눈썹을 그리며
세월의 태엽을 되돌려 본다

어디쯤이던가
풋살구 같은 마음 동동 띄워 주고
갈한 목 축여 주던 속 깊은 우물
그리운 옛꿈이 반겨 주던 곳
발길을 멈추고 눈길을 마주한다
시 나무 한 그루 비친다

삭풍 내려앉은 두꺼운 세월
물결치는 주름 위에
쓸쓸한 팔푼이 시 몇 편 얹혀 있다
숯 막대 눈썹 위에서 내 훈수에 따라
마음껏 춤추는 나의 시

나의 카리스마

내 이름은 베드로

허름한 일 바지에
등짐 진 허리 굽은 노인
나를 보자
전봇대에 몸 가리는 어머니

길 건너 맞은편의
어머니를 보자
지난밤 하얀 카라 빳빳하게 풀 먹여 달아 준
깔끔한 교복 입은 나는
길 건너 달려가지 않고
몸 돌려 쓸데없는 걸음 걸었네

세 번의 배신으로 십자가형 거꾸로 받은 베드로

그날 밤 뜨거운
어머니 품 찾아든 배신자

언덕 밑에 쌓인 눈 녹듯
베드로의 십자가형 흔적 없이 사라졌네

비너스
- 성자 없는 성모 -

고운 몸에 오색실 감고
연자방아 돌리는
몸 안에 따뜻한 피 도는 비너스

자국 자국 멍 자리뿐인
아픈 무늬 앞섶
들숨 날숨 알 수 없는 잦아든 숨소리

닳지 않는 손길
깜박이지 않는 눈길
덮이지 않은 맨가슴
말없이 연자방아 돌리던 비너스
연자방아 옆에 무겁게 누워 있네

손짓하며 하늘 나는 시늉하더니

이른 봄
창문 열리자
대리석 비너스
훨훨 날개 저어
하늘을 나셨네

청개구리 제삿날

바람 소슬한
어린 날 냇가에서
청개구리들
엄마 제사를 지낸다

질척질척
펄 한 사발 대신
뽀송뽀송 금잔디 한 떼기를
다복다복 채워 올리고
어린 날 냇가가 서러워
밤새워 곡을 한다

서쪽 하늘에 웃는 반달
엄마 닮아서
달을 보며
밤새워 곡을 한다

금잔디 한 떼기를 가슴에 안고
달을 보며 밤새워 곡을 한다

와인의 축제

단절의 오랜 시간
세상을 등진 외로움
한 점 티끌도 허용치 않는
순수를 위해
고통스러운 거듭남의 되풀이

드디어 작위를 받은
늠름한 기사

순결한 영혼을 찾아
순례의 길을 떠난다

한 송이 흰 장미를 꽂고
오직 어둠을 밝히려는
한 가닥 염원으로 기도하는
소녀의 식탁

가슴엔 기쁨의 숨결 찰랑이고
방안엔 둥둥둥 가슴속 북소리 가득 찬다

순례의 길 끝
기도 올리는 소녀의 식탁
와인의 축제

이별의 계절

햇살 한 점 머리에 이고
해거름을 배경으로 하늘에 걸린 성화 한 점 십자가

바람이 멈춘 곳에
마지막 멍울 풀어놓는 낙엽들
가늘고 긴 색실 풀리는 소리 귓가에 감긴다

어디로 가는 걸까
그리운 어머니의 멀고 먼 옛집을 찾아가는 걸까
저무는 해거름 속에서 성화가 젖고 있다

어지러운 높새바람 한 더미
헝클어진 머리카락 가다듬고
무거운 머리 들어 올려
젖은 성화를 닦는다

홍매화 군락지
- 요양원 풍경 -

양지바른 언덕바지에
홍매화 군락지가 있네

꽃잎마다 새겨진 사연이
이른 봄 엷은 햇살 아래서
춤추며 노래하며
더 붉고 더 곱게 피고 지네
떨어진 꽃잎도 너무 예쁜 홍매화들

겨를 없이 마른 잎으로 살아온
늙은 매화나무 지난날을
붉디붉은 매화꽃으로
환하게 환하게 마음껏 다 피워 올리네

성지순례

잔잔한 갈릴리 바다
거기서
기적을 베푸시며 진리를 가르치시는
그의 환영을 만났네

그는 왜
제일 낮은 구유에 오셨으며
그럼에도 왜 또 그토록
사랑을 베푸셨으며
그럼에도 왜 또 그토록
극악무도한 십자가 형벌까지 받으셨나

그의 행적은
절대 선은 존재할 수 없는 세상 생리에 위배되는 것
선할수록 형벌이 무거운 이치로 극형이 당연했나 보다

묵묵히 십자가 형틀 위에서 드린 기도
저들이 저들의 하는 일을 모르오니 저들을
용서하여 주소서

그 후, 세계가 역사를
다시 시작했다
지금은 주후 2024년~
그의 나라가 영원하리

십자가상에서 그의 따뜻한 음성이 들려온다
내가 너희를 사랑하노라
내가 너희 죄를 다 담당하노라
내게로 오라
너희 죄가 눈같이 희어지리라

마지막 조우

그녀는
뭍에 오르고 싶은 파도
나는 차디찬 그녀의 뭍

내가 미친 파도 되어
그녀의 바다에 찾아와
소리쳐 불렀지만
그녀는 거들떠보지도 않고
한마디 대꾸도 없었다

그녀가 차디찬 뭍이 될 때도 있었다
내가 미친 파도가 될 때도 있었다

부둥켜안고 싶은 간절한 시간이었지만
한 번도 경험하지 못한 낯선 절벽 앞
되돌아갈 수 없는 시간 앞에
화산석처럼 굳어 버린
피멍 든 두 나신

시간을 먹고 사는 도깨비

젊은 구미호에 홀려
인연 맺은 요지경

오면서 문 열어 보고
가면서 열어 봐도
누구 한 사람 찾아든 발자국도 없고
찾아가 두드려 볼 문패도 없는
쓸데없이 오지랖만 넓은 요지경

아깝지도 않으면서 버릴 수도 없는
무용지물 애물단지

어느새 친한 친구라도 되는 듯
내 손목 놓아주지 않고

둘이 앉아
늙은 괘종시계 속 시간만
한 점 두 점
끝없이 빼 먹고 산다

종이배

50년 만에 만난 여고 동창생들
오래된 벽화처럼 낡아 버린 얼굴들이
해석 같은 이름표를 달고
세월 저편 아득한 하늘가에 서 있다

유성이 되어 버린 추억 속의 약속을
웃음 같기도 하고 울음 같기도 한 환성으로 맞이한다

푸른 하늘 무지갯빛 꿈은
수십 년 세월의 물결에 종이배처럼 떠내려가고
둔치 아래 밭고랑 같은 굵은 주름만 얼굴 가득
굽이친다

치렁치렁 밍크코트도
번쩍이는 장신구도
힘겨운 짐
말없이 서로의 등을 쓰다듬는다

이불 속에서 소곤소곤 깔깔거리던
수학여행의 그 밤으로 돌아가

50년 된 동창들
검버섯 만발한 얼굴
가을걷이처럼 손질하며
변하지 않은 웃음과 울음으로
어느덧 소녀 시절 오솔길에 든다

최혜순 시선집(제4시집)
꿈속을 거니는 기억

제1판 1쇄 발행 · 2024년 12월 05일

지은이 · 최혜순
발행인 · 이석우
펴낸 곳 · 세종문화사
편집 주간 · 김영희

주소 · (03740)
　　　서울 서대문구 통일로 107-39, 223호
　　　E-mail: eds@kbnewsnet
전화 · (02)363-3345, 365-0743~5
팩스 · (02)363-9990

등록번호 · 제25100-1974-000001호
등록일 · 1974년 2월 1일

ISBN 978-89-7424-206-0 03810

값 12,000원